만화로 쉽게 배우는 코딩의 모든 것

프그맨 코딩을 부탁해

펴낸날 2018년 12월 20일 1판 1쇄

글 TMD 에듀테크연구소
기획·만화 김상진
감수 장윤재
펴낸이 김영선
교정·교열 이교숙, 남은영
경영지원 최은정
디자인 현애정
마케팅 신용천

펴낸곳 (주)다빈치하우스-미디어숲
주소 경기도 고양시 일산서구 고양대로632번길 60, 207호
전화 (02)323-7234
팩스 (02)323-0253
홈페이지 www.mfbook.co.kr
이메일 dhhard@naver.com (원고투고)
출판등록번호 제2-2767호

값 13,800원
ISBN 979-11-5874-044-3

- 미디어숲은 (주)다빈치하우스의 출판브랜드입니다.
- 잘못된 책은 바꾸어 드립니다.
- 이 책의 수익금 일부는 (사)코드클럽한국위원회의 어린이 무료 소프트웨어 교육에 지원됩니다.

이 도서의 국립중앙도서관 출판예정도서목록(CIP)은 서지정보유통지원시스템 홈페이지(http://seoji.nl.go.kr)와
국가자료공동목록시스템(http://www.nl.go.kr/kolisnet)에서 이용하실 수 있습니다.(CIP제어번호: CIP2018036134)

만화로 쉽게 배우는 코딩의 모든 것

프그맨 코딩을 부탁해

글 **TMD 에듀테크연구소**
기획·만화 **김상진** 감수 **장윤재**

미디어숲

추천사

코딩에 대한 관심은 높아지고 있는데 어디서부터 어떻게 코딩을 배워야 하는지 여전히 막막하기만 합니다. 기초가 탄탄해야 그 위에 멋진 집을 지을 수 있듯이, 코딩 또한 왜 필요한지, 어디에 쓰이는지, 어떻게 구현되는지에 대한 기본 개념과 코딩의 전반적인 세계를 이해하고 생각하는 법을 배우는 것이 선행되어야 합니다. 이 책은 코딩을 본격적으로 시작하기 전 필수적으로 알아야 할 교양과 개념, 생각법을 알게 하고 일상 코딩의 즐거움을 느끼게 하는 좋은 길잡이가 될 것입니다.

- (사)코드클럽한국위원회 서정봉 상임이사

컴퓨터 과학은 갈수록 어린이 교육에서 중요하게 다뤄지고 있지만, 이 분야의 학습이 아이들이 이해하기에는 쉽지 않은 개념들로 많이 어려워하거나 흥미를 잃기 쉽습니다. 하지만 이 책은 만화로 구성되어 아이들에게 컴퓨터 과학과 프로그래밍의 기본적인 요소들을 쉽고 재미있게 설명하고 있습니다. 따라서 아이들이 흥미를 가지고 컴퓨터 과학의 기초를 학습하기에 좋은 책입니다.

- 코딩&메이커교육 기업 (주)헬로긱스 대표이사

초·중·고 학교 교과과정에서 코딩교육을 실시하고 있으며, 4차산업혁명 시대에 미래형 인재에게 요구하는 것도 다름 아닌 코딩을 통한 논리적 사고력·창의력·문제해결입니다. 이 책은 코딩의 기초 개념부터 코딩에 필요한 용어까지 자연스럽게 놀이처럼 재미있게 배울 수 있게 구성되어 있습니다. 코딩을 처음 접하는 어린이라도 이 책을 읽고 나면 코딩이 어렵지 않은 친구처럼 느껴질 수 있답니다.

- 성동광진교육지원청 한선혜 장학사

프로그래밍 언어로 프로그램을 만드는 것을 코딩이라고 합니다. 이제 초등학교에서부터 코딩의 기본적인 이해와 소양을 갖추는 것이 중요한 시대가 되었습니다. 이는 무엇보다 인터넷으로 이루어진 세상에서 여러 가지 부딪칠 수 있는 문제들을 잘 해결할 수 있는 능력을 키우는 것이 필요해졌기 때문입니다. 이러한 능력은 이 책『프그맨, 코딩을 부탁해』가 아이들의 눈높이에 맞춘 코딩, 소프트웨어 프로그램으로서 좋은 지침서가 되어 줄 것입니다.

- 에듀클라우드 대표 조성훈

우리가 살고 있는 세상을 바꾸기 위해 코딩은 현재와 미래를 사는 사람들이 기술을 습득하고, 논리적 사고와 창의적 문제해결 능력을 기르는 데 반드시 필요한 소양이 되었습니다. 하지만 많은 사람들이 코딩을 어려워하는 이유 중 하나는 어디서부터 시작해야 할지도 모르고 심지어 내가? 코딩을? 할 수 있을까? 하는 두려움으로 확신을 갖지 못하기 때문입니다. 앞으로 코딩을 배운다면 할 수 있는 일이 무궁무진하다는 사실에 깜짝 놀랄 것입니다. 이 책의 프그맨과 세 친구의 얘기를 따라가다 보면 어느샌가 '아하 코딩은 이런 거구나', '코딩이 어려운 게 아니었어' 하고 깨우칠 수 있도록 코딩에 대하여 재미있고 흥미진진하게 녹여냈습니다.

- 한글과컴퓨터 교육사업부장 김성수

　　코딩이란 주어진 명령을 컴퓨터가 이해할 수 있는 언어로 입력하는 것을 말합니다. 소프트웨어 중심 사회에서는 꼭 프로그램을 만드는 사람만이 아니라 누구나 코딩에 대한 기본적인 이해가 있어야 합니다. 컴퓨터로 이뤄진 세상에서 삶의 문제를 해결하는 코딩을 위한 생각법이 삶 전반에 걸쳐 필요하기 때문입니다. 알고리즘, 루프, 조건문, 연산자, 디버깅 등 만화를 통한 자연스러운 프로그래밍 언어 습득은 아이들 눈높이에 맞춰 맞춤형 코딩학습이 될 것입니다.

- 4차 산업혁명 체험센터 총괄실장 성기철

　　요즘 초등학교에서 프로그래밍 코딩교육이 실시되면서 학부모들 또한 코딩에 대한 관심이 많아졌습니다. 코딩에 코자도 모르는 생소해 보일 수 있는 코딩, 부모님부터 이해가 되면 좋겠지요. 이 책은 아이들이 좋아하는 만화를 이용해 프로그래밍 언어를 알기 쉽게 설명하고 재미있게 받아들일 수 있도록 구성되어 있네요. 기본 개념을 잡아주는 코딩교육서로서 엄마와 자녀가 함께 볼 수 있는 책으로 추천합니다.

- 4차 산업혁명 체험센터 대표강사 김경하

머리글

정말 누구든지 코딩할 수 있어요!

만약, 컴퓨터가 사라진다면 어떻게 될까요?
더 이상 인터넷도 못 하고, 컴퓨터게임도 할 수 없게 될 거예요. 과연 그것뿐일까요? 이제는 어디를 가든 항상 컴퓨터가 있어요. 컴퓨터는 우리 생활의 일부가 되어 교통과 통신은 물론 일상 곳곳에서 사용되고 있지요. 컴퓨터가 없는 세상을 상상하기란 어려울 거예요. 컴퓨터는 우리의 일상에서 떼려야 뗄 수 없는 존재로 우리 대신 많은 일을 담당하고 있어요.

하지만 아무리 똑똑한 컴퓨터라도 소프트웨어가 없다면 스스로 생각하거나 작동할 수 없지요. 소프트웨어는 컴퓨터와 대화할 수 있는 '프로그래밍 언어'로 작성되는데, 프로그래밍 언어로 프로그램을 만드는 것을 바로 '코딩'이라고 해요. 우리 사회가 점점 더 소프트웨어 중심의 사회로 나아갈수록 일상생활에서도 코딩이 매우 중요해지고 있지요. 따라서 컴퓨터 언어를 다루는 컴퓨팅 사고력은 미래사회에서 꼭 필요한 역량이 될 거예요. 비록 직접 코딩을 하지 못하더라도, 코딩에 필요한 기초 개념을 알고 있다면 컴퓨팅을 이용해 삶의 여러 가지 문제를 해결할 수 있답니다.

이미 영국에서는 2014년부터 초·중·고에서 코딩 공교육을 도입했어요. 미국과 프랑스, 중국, 일본 등도 발 빠르게 코딩 교육에 박차를 가하고 있지요. 이러한 흐름에 걸맞게 우리나라에서도 2018년부터 초·중·고에서 코딩의 정규 교육이 시작되었답니다. 이제 코딩은 선택이 아닌 필수가 된 것이지요.

코딩이 중요하다고 해도, 알고리즘, 조건문, 연산자, 함수, 변수 등과 같은 말을 들으면 너무 복잡하고 어렵게 느껴질 수 있어요. 하지만 지레 겁먹고 포기하지 마세요! 코딩은 숙련된 프로그래머만 할 수 있는 어려운 영역이 아니랍니다. 누구나 쉽게 시작할 수 있어요. 게다가 코딩을 통해 표현하는 방법은 무궁무진해서 창의적인 해결책을 제시할 수 있지요. 코딩은 재미있게 두뇌를 훈련할 수 있는 가장 좋은 방법으로 누구든지 쉽게 도전해볼 수 있어요.

코딩을 처음 시작하는 분들을 위해 바로 이 책이 탄생했어요. 코딩의 기초 설명부터 코딩에 필요한 용어까지, 코딩을 본격적으로 시작하기 전 꼭 알아야 할 개념을 만화를 통해 쉽고 재미있게 풀어놓았지요. 코딩을 처음 만난 분들이라도 이 책을 읽고 나면 코딩의 모든 것을 깨칠 수 있답니다. 이 책에는 최첨단 인공지능을 가진 최고의 휴머노이드 로봇인, 코봇의 프로그래머 프그맨과 코딩을 한 번도 배운 적이 없는 세 친구가 등장합니다. 세 친구는 프그맨과 함께 퀴즈 게임과 여러 놀이를 통해 자연스럽게 코딩을 알아가게 되지요. 쾌활하고 당찬 성격의 도레미, 엉뚱한 듯 하지만 마음이 여린 송알찬, 조금 소심하고, 말도 더듬지만 가장 의리가 있는 친구 한세모가 함께 하는 코딩의 세계로! 지금 떠나볼까요?

TMD 에듀테크연구소

차례

1. 컴퓨터 없이 못 살아
소통이 문제야! • 20

2. 코딩이 궁금해
코딩은 프로그래밍? • 26

3. 컴퓨팅 사고력을 기르자!
우리가 컴퓨터와 보내는 시간? • 32
프로그래머가 되려면? • 35

4. 컴퓨터 너를 알고 싶어
하드웨어 & 소프트웨어 • 41
하드웨어의 역할 • 43
소프트웨어와의 관계 • 47

5. 역사를 알아야!
컴퓨터 역사 • 51
프로그래밍 언어 역사 • 55

6. 컴퓨터 언어는 어떻게 작동할까?

컴퓨터와 대화하기 ···59
이진수와 십진수 ···62
비트 이야기 ···74
이진수를 십진수로 변환 ···75

7. 도전! 프로그래밍 언어 속으로

프로그래밍 언어의 종류 • 89
문법 • 94
알고리즘 • 104
자연어, 순서도, 의사코드 • 108
퀴즈! 포장도로 • 112
퀴즈! 강 건너 옮기기 • 122
새로운 마음으로 도전! • 131
동음어 • 134
여러 가지 데이터 형식 • 138
두 번 재고, 한 번에 잘라라! • 139
루프 • 141
조건문 • 154
연산자 • 166
초능력을 보여줄까? • 173
함수 • 178
내장함수 • 183
변수 • 186
수학적 연산,
생각하는 숫자를 맞춰봐! • 192
디버깅(버그) • 203
문법 오류와 논리 오류 • 205
도우미 IDE • 211

8. 재미있고 신나는 프로그램

스크래치 & 엔트리! • 219

9. 우리는 모두 코더!

CHARACTER

프그맨

최첨단 인공지능을 가진 최고의 휴머노이드 로봇인, 코봇을 만든 프로그래머. 아이들에게 코딩을 가르치지만 거기에는 숨겨진 비밀이 있다.

도레미

아이들의 리더로 쾌활하고 당찬 성격이지만, 마음에는 큰 상처가 있다. 코딩을 배우며 조금씩 마음의 문을 연다.

송알찬

매번 거절당하면서도 남자답게 레미에게 도전장을 내민다. 엉뚱한 듯하지만 마음 여리고 착하다. 누구보다 코딩에 열정적이다.

한세모

매사 자신감이 없고 말을 더듬지만 누구보다 친구를 위하고 의리가 있다. 코딩을 배우며 아빠의 사랑도 확인하고 용기있는 아이로 변한다.

코봇

미국에서 태어났지만 영원히 변하지 않을 친구를 찾기 위해 한국에 왔다. 세계 최첨단 인공지능 로봇이다.

소통이 문제야!

우리가 컴퓨터와 보내는 시간?

우리는 어디서나 컴퓨터를 쉽게 접할 수 있는 시대를 살고 있다. 컴퓨터에는 어떤 것들이 있을까?

집에 있는 컴퓨터

알람이나 사진, 게임을 할 수 있는 스마트폰, 건강상태와 체력을 관리할 수 있는 피트니스 기기. 인터넷을 통해 이메일을 보내고, 웹사이트에 접속할 수 있는 태블릿 컴퓨터·노트북과 데스크톱 컴퓨터 등이 있다.

집 밖에 있는 컴퓨터

은행잔고 확인이나 현금을 인출할 수 있는 현금 인출기(ATM), 감지기와 중계기 시스템에 따라 교통량 변화에 대응하는 교차로의 신호등·카메라와 동작 감지 장치가 있는 보안 시스템 컴퓨터·책을 읽을 수 있는 전자책 등이 있다.

컴퓨터, 너를 알고 싶어

하드웨어 & 소프트웨어

하드웨어와 소프트웨어

말풍선: 하드웨어와 소프트웨어의 역할과 특성을 이해해야 돼~

하드웨어 특성

하드(hard)는 '단단하다'는 뜻인데, 하드웨어는 컴퓨터를 구성하는 기계장치로 눈에 보이는 장치들을 말한다.
=> 모니터, 본체, 키보드, 마우스 등

```
                    기억장치
                      ↕
입력장치  →  중앙처리장치  →  출력장치
```

하드웨어 역할 구분

1) 입력장치: 컴퓨터에 정보를 입력할 수 있는 장치
   (마우스, 키보드, 마이크 등)
2) 출력장치: 컴퓨터가 만들어내는 정보를 확인할 수 있는 장치
   (모니터, 프린터, 스피커)
3) 중앙처리장치: 컴퓨터의 동작을 제어하고 프로그램의 생산을 수행하는 장치
   (CPU 또는 마이크로프로세서)
4) 기억장치: 프로그램과 컴퓨터가 만들어내는 정보를 기억하는 장치
   - 주 기억장치: 음식을 만드는 조리대가 주 기억장치(롬, 램)
   - 보조 기억장치: 음식을 만드는 중 냉장고에 보관하는 것
     (하드디스크, usb플래시 드라이브)

소프트웨어 특성

소프트웨어는 컴퓨터에서 동작하는 모든 종류의 프로그램을 의미한다. 소프트(soft)는 '부드럽다'는 뜻으로 기계장치를 말하는 하드웨어에 대응하는 개념이다. 컴퓨터를 구성하는 기계장치들을 제어하는 운영체제와 같은 시스템 소프트웨어와 문서를 제작하거나 영상을 재생하는 등의 응용 소프트웨어로 구분할 수 있다.

소프트웨어 역할 구분

시스템 소프트웨어 – 응용 소프트웨어

1) 시스템 소프트웨어: 컴퓨터 하드웨어를 동작 및 제어할 수 있는 프로그램으로 사용자가 컴퓨터를 효율적으로 사용하기 위해 만든 프로그램.
(윈도우, 리눅스, 맥 등의 컴퓨터 운영체제)
2) 응용 소프트웨어: 시스템 소프트웨어를 기반으로 특정한 응용 분야에서 특수 목적을 위해 사용할 수 있는 프로그램.(웹 브라우저, 이미지 편집 소프트웨어, 게임, 음악, 관련 소프트웨어 등)

하드웨어의 역할

단 위		해당되는 용량
비트(Bit)	0 또는 1,	Yes 또는 No
바이트(Byte)	8비트,	키보드의 알파벳 한 글자 분량
킬로바이트(KB)	1024바이트,	글 두 단락 분량
메가바이트(MB)	1024킬로바이트,	디지털 음악 1분 재생 분량
기가바이트(GB)	1024메가바이트,	평균 200쪽의 책 약 4,500권 분량
테라바이트(TB)	1024기가바이트,	230편 이상의 DVD 영화 분량
페타바이트(PB)	1024테라바이트,	3억 5천만 장 이상의 사진 분량

소프트웨어와의 관계

컴퓨터 역사

컴퓨터의 역사 속으로

에니악

1946년에 개발된 초기의 컴퓨터 에니악은 외부 프로그램 방식으로 무게가 무려 30톤이나 되는 컴퓨터였다. 이것을 사용하기 위해 명령을 내리려면 무려 6천 개에 이르는 전기 회로를 일일이 바꿔줘야만 했기 때문에 전문가가 아니면 절대 할 수 없는 일이었다.

에드삭

그러던 어느날, 1949년 케임브리지대학의 윌키스에 의해 개발된 최초의 프로그램 내장 방식 컴퓨터인 에드삭이 탄생하게 되었다. 기억 장치에 프로그램을 저장하고 정해진 순서대로 실행하는 방식으로 사용이 훨씬 편리해졌다.

이렇게 컴퓨터의 역사는 계속 발전하였다.
1951년도부터 시작되어 온 제1세대 컴퓨터는 진공관을 사용하였고 프로그래밍은 당연히 저급 언어, 즉 기계어를 이용했기 때문에 프로그램을 작성하는 데 시간이 오래 걸리는 불편함이 있었다.
그런 시간들을 지나 오늘날 제 4세대 컴퓨터까지 발전되어 온 것이다.

1990년대에 들어서 윈도우 운영체제가 등장함으로써 많은 사람들이 PC를 사용하였습니다.

다음은 컴퓨터 역사상 주목할 만한 인물들을 볼까 합니다.

컴퓨터 역사상 주목할 인물

역사상 주목할 만한 사람들

찰스 배비지
1791~1871

프로그램이 가능한 디지털 컴퓨터의 아버지로 불린다. '차분기관'이라고 부르는 기계식 자동계산 기계를 사용해서 표를 계산할 수 있는 시스템을 고안했다.

에이다 러브레이스
1815~1852

컴퓨터란 기계 자체가 없던 시절에 프로그래밍 언어를 고안해내고 미래의 컴퓨터가 할 수 있는 일을 예견까지 한 그녀는 역사상 최초의 컴퓨터 프로그래머인 영국의 백작부인이다.

팀 버너스 리
1955~

영국의 컴퓨터 과학자로 1989년 월드 와이드 웹의 하이퍼텍스트 시스템을 고안하여 개발했다. 웹의 아버지라 불리운다.

앨런 튜링
1912~1954

인공 지능 분야를 개척했으며, 컴퓨터의 인공 지능이 인간으로 여겨지기에 충분한지 테스트할 수 있는 방법인 튜링 테스트를 개발했다.

프로그래밍 언어 역사

프로그래밍 언어의 역사

구분	시기	언어
제 1세대 언어	1945년	기계어
제 2세대 언어	1950년대 중반	어셈블리어
제 3세대 언어	1960년대 초기	상위 수준 언어
제 4세대 언어	1970년대 초기	고상위 수준 언어
제 5세대 언어	1980년대 초기	자연 언어

컴퓨터와 대화하기

컴퓨터가 프로그램을 이해하는 방식

컴퓨터는 무지 똑똑하고 못 할 것이 없는 것 같아 보이지만 혼자서는 아무것도 할 수 없다.

컴퓨터는 프로그래머가 다양한 프로그래밍 언어로 하나하나 명령을 내려줘야 비로소 움직인다.

컴퓨터가 명령을 수행하기 위해서는 컴파일러를 통해 0과 1이라는 기계어로 바뀌어야 가능하다.

이진수와 십진수

"그럼 프로그래밍 언어의 변천 과정을 볼까~"

"와우~ 대단하다…"

구분	종류	내용
저수준 언어	1세대 언어	**기계어(machine language)** 컴퓨터가 직접 읽을 수 있는 2진 숫자 0과 1로 이루어진 언어로 프로그래밍 언어의 기본이 된다. 컴파일러를 통하여 기계어로 번역되어야만 컴퓨터가 이해할 수 있다.
저수준 언어	2세대 언어	**어셈블리어(assembly language)** 프로그램을 기술하는 언어의 하나로 알파벳 기호 등 인간이 판독하기 쉬운 기호 형식으로 기계 명령에 대응하는 언어이다.
고수준 언어	3세대 언어	**3세대 언어(third generation language)** 프로그래밍 언어, 영어와 유사한 언어로 하드웨어가 프로그램을 어떻게 실행시키느냐 하는 것보다 문제 자체에 집중할 수 있어 문제지향 언어이다. 논리적 절차를 구체화시켜야 하기 때문에 절차어라고 부르기도 한다.
최고수준 언어	4세대 언어	**4세대 언어(4th-generation language)** 프로그래머뿐만 아니라 일반 사용자도 업무 처리를 실시하거나, 혹은 프로그램을 작성할 수 있게 되어 있다는 것이 특징이다. 시스템개발의 생산성 향상을 목적으로 만들어졌다.

"정말 많은 발전을 한눈에 알 수 있겠네~"

"나는 컴퓨터가 알아듣는다는 이진수가 굉장히 궁금한데…?"

"나도…"

"이진수를 배우기 전에 먼저 알아야 할 게 있어~!"

꽉!

?

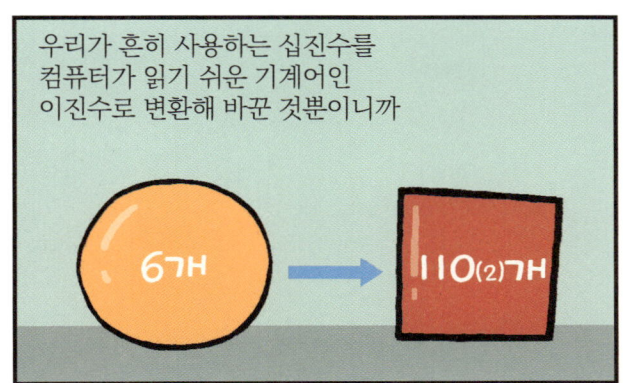

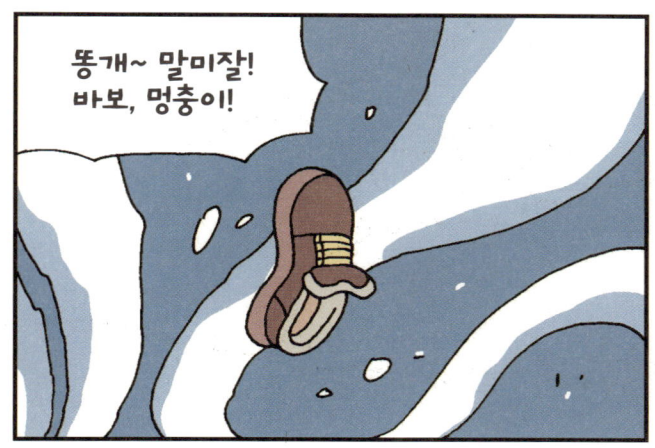

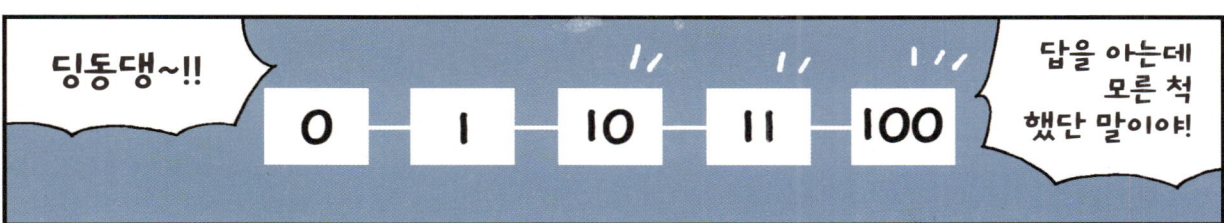

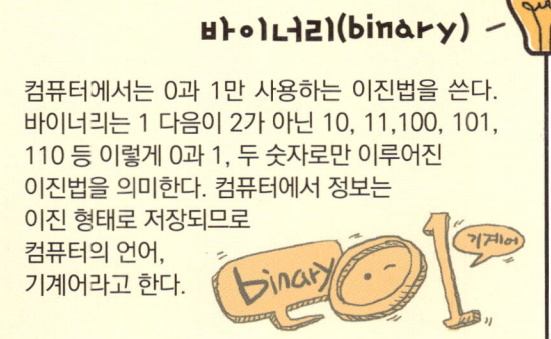

바이너리(binary)

컴퓨터에서는 0과 1만 사용하는 이진법을 쓴다. 바이너리는 1 다음이 2가 아닌 10, 11, 100, 101, 110 등 이렇게 0과 1, 두 숫자로만 이루어진 이진법을 의미한다. 컴퓨터에서 정보는 이진 형태로 저장되므로 컴퓨터의 언어, 기계어라고 한다.

비트 이야기

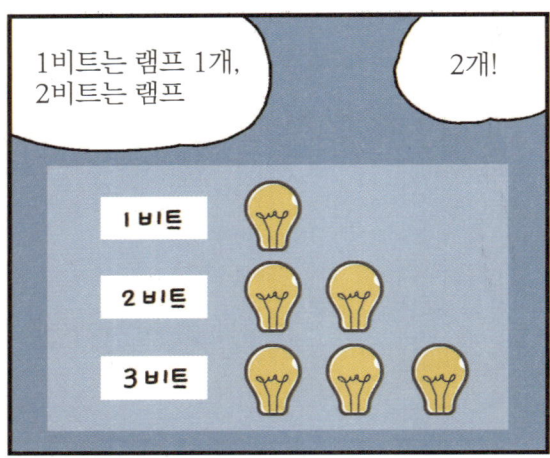

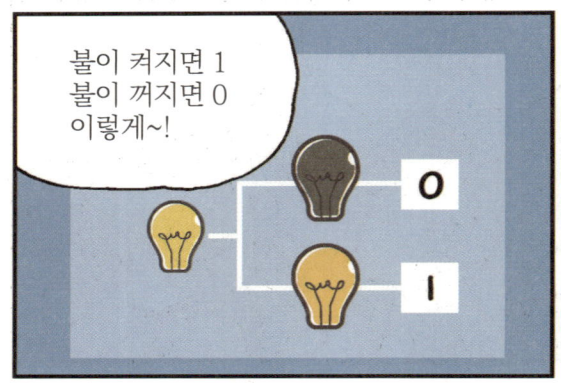

이진수를 십진수로 변환

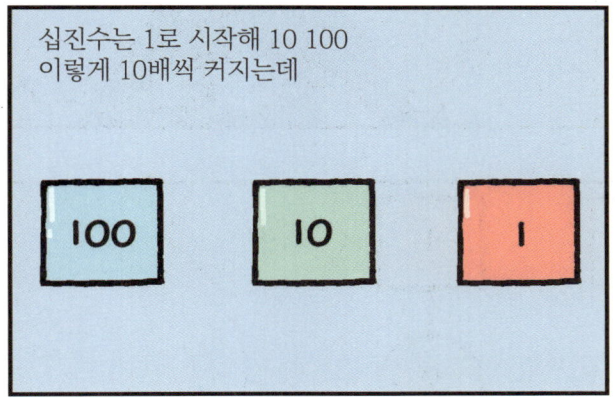

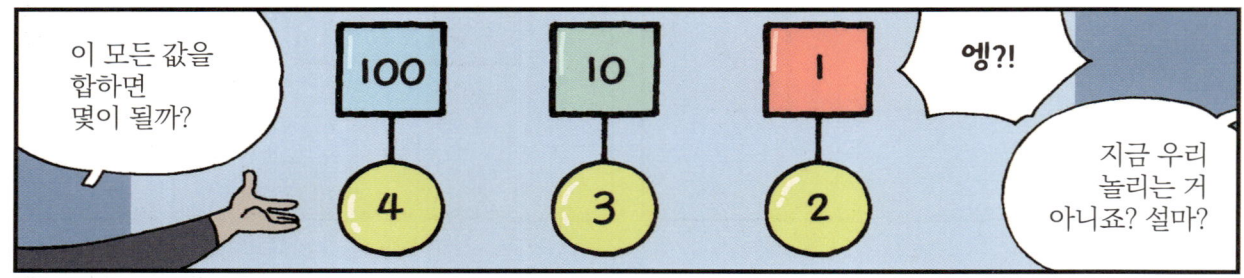

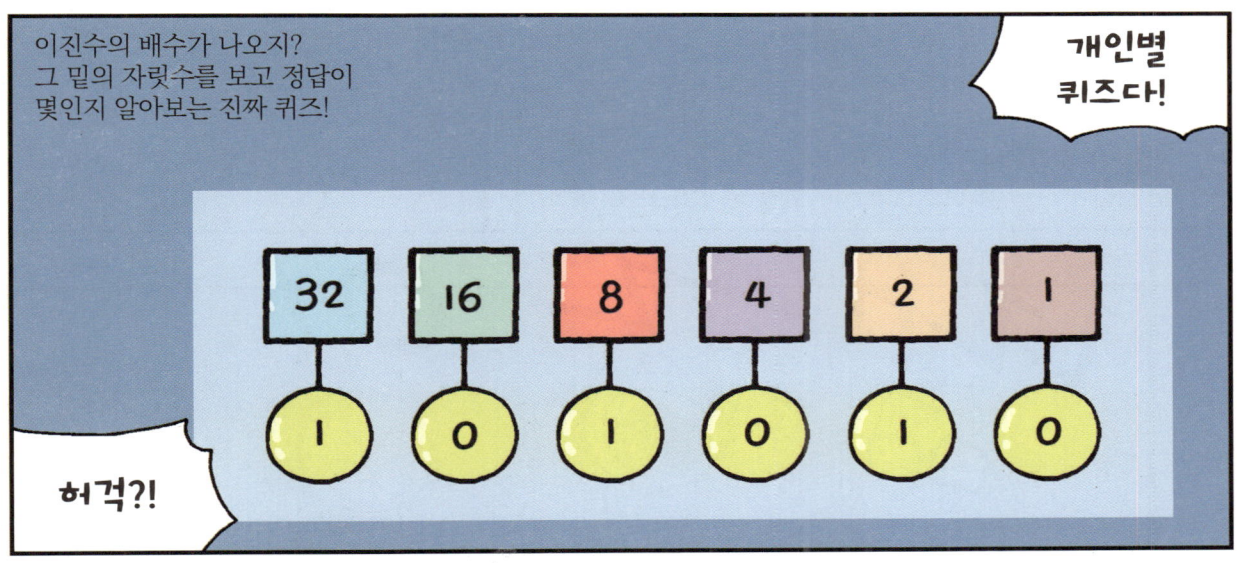

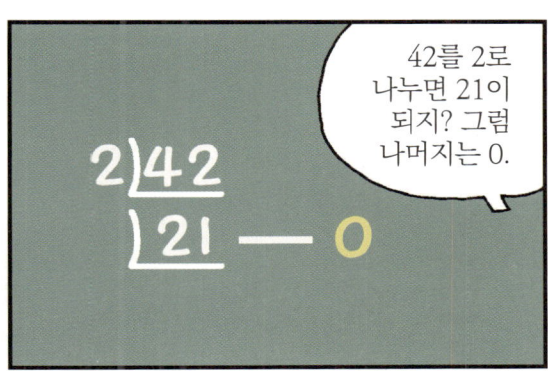
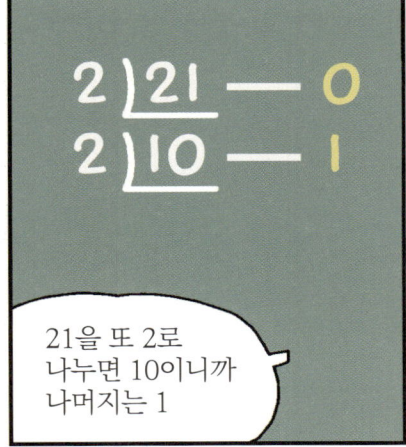
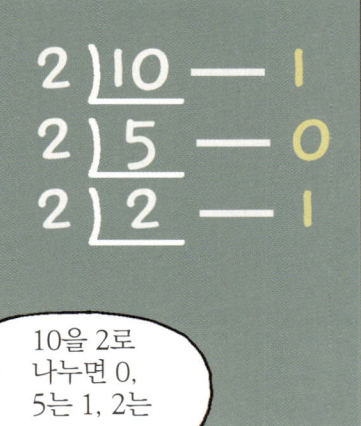

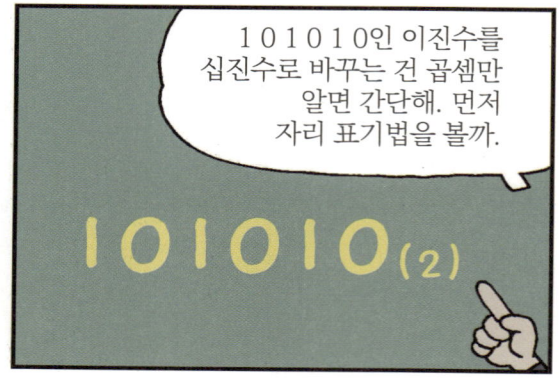

여러 가지 진법 비교

10진수	2진수	8진수	16진수	10진수	2진수	8진수	16진수
0	0	0	0	11	1011	13	B
1	1	1	1	12	1100	14	C
2	10	2	2	13	1101	15	D
3	11	3	3	14	1110	16	E
4	100	4	4	15	1111	17	F
5	101	5	5	16	10000	20	10
6	110	6	6	17	10001	21	11
7	111	7	7	18	10010	22	12
8	1000	10	8	19	10011	23	13
9	1001	11	9	20	10100	24	14
10	1010	12	A	21	10101	25	15

알 필요도 없는 것으로 왜 골탕 먹여요! 장난해요!

코봇, 너도 나빠~! 똑같아!

그, 그게 애기고…

코봇, 이렇게 놀리니 재미있지, 지금!

그, 그건 아닌데…

사막 같은 거로 겁줄 필요는 없었잖아! 앙!

프그맨은 그래도 너는 친구잖아~

그, 그건… 얘들아…

프로그래밍 언어의 종류

컴퓨터 언어, 즉 프로그래밍 언어에는 C, 자바, 파이썬, C++, 자바스크립트, PHP 등 아주 다양한 언어가 있어.

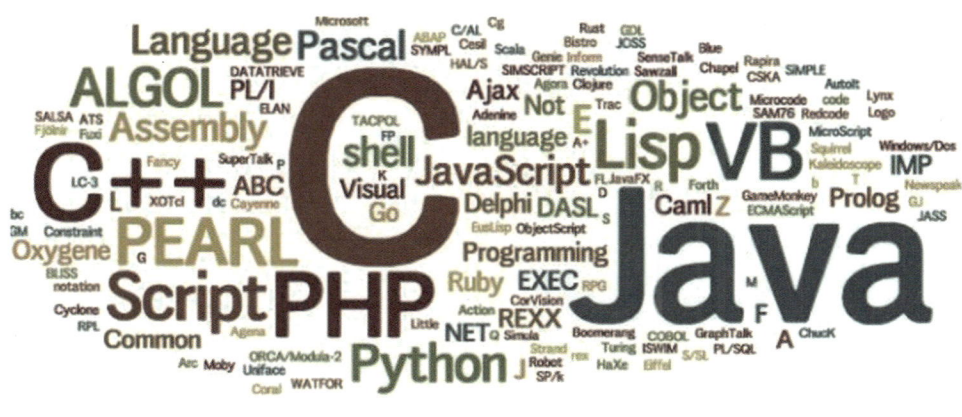

와우~ 이렇게 많아! 이걸 다 배워야 해?

오우~ 절대 노!

언어의 특성이 다 다르기 때문에 어떤 프로그래머가 되고 싶은지를 파악하고 난 후 선택해서 배우면 돼~

프로그래머요? 어떤 프로그래머요? 이해가…

그것보다 먼저 프로그래밍 언어의 특성과 활용도를 파악해볼까.

프로그래밍 언어의 종류와 특징

자바

가전 제품에서 동작하는 프로그램을 개발하기 위해 만들어졌으나, 현재는 응용프로그램, 웹, 모바일 등 다양한 기기에서 사용되는 가장 인기 있는 언어 중 하나이다. 현재 웹 애플리케이션 개발에 가장 많이 사용되는 언어 가운데 하나로 모바일 기기용 소프트웨어 개발에 널리 사용되고 있다.

파이썬

문법이 간결하여 초보자들도 배우기 쉽고 다양한 라이브러리를 제공하여 활용하기 쉬운 언어로 각종 연구기관과 산업계, 과학 분야에서 데이터 분석, 머신러닝 연구에 많이 사용된다.

자바스크립트

자바와는 상관 없는 객체 지향적인 스크립트 프로그래밍 언어로 동적인 웹페이지 제작을 위한 언어로 개발되었으나 높은 확장성을 통해 다양한 분야에서 사용되고 있다.

C++

숫자와 텍스트를 조정하는 데 사용되므로 데이터를 입력하거나 그래픽 표시, 데이터 분석 등에 유용하다. C언어를 기반으로 객체지향 개념과 일반화 프로그래밍 개념이 포함된 프로그래밍 언어이다.

PHP

C 언어를 기반으로 동적인 웹페이지 제작을 위해 개발된 스크립트 언어이다. 특징은 빠른 생산성과 저렴한 유지비용을 들 수 있고 객체 지향 개발이 가능하다. 워드프레스, 미디어위키, XpressEngine 등이 PHP로 개발되었다.

RUBY

루비는 동적 객체 지향 스크립트 언어로 순수 객체 지향이며, 가독성과 이식성이 높다. 특히 루비 온 레이즈라는 웹 프레임워크가 개발되면서 웹 애플리케이션을 빠르게 개발할 수 있는 장점으로 인기를 얻고 있다. 웹을 빠르고 쉽게 구축할 수 있도록 도와주기 때문에 입문자들이 배우기에 가장 적합하다.

문법

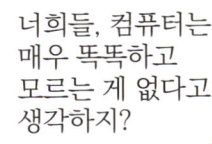

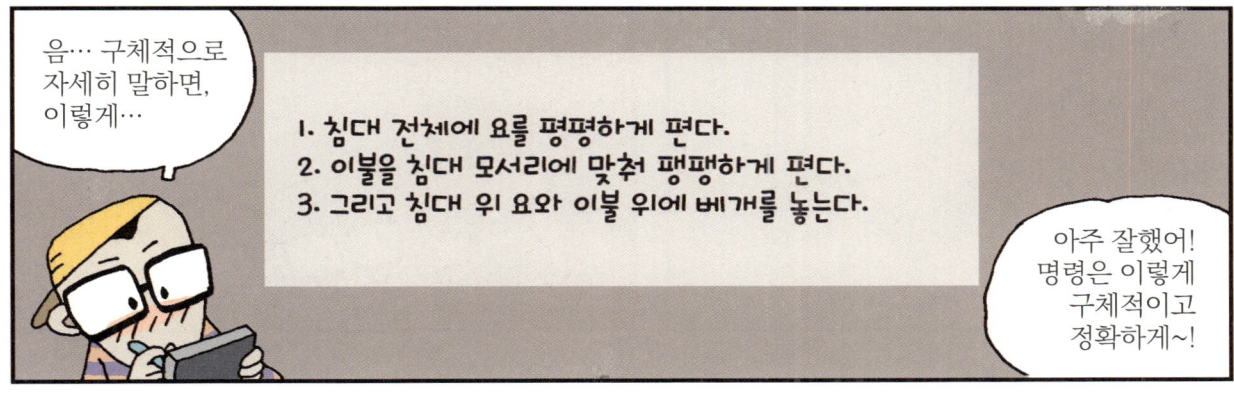

103

알고리즘

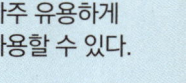

알고리즘

알고리즘은 특정 작업을 수행하기 위한 흐름도 또는 순서도이다. 컴퓨터 프로그래밍뿐만 아니라 모든 종류의 복잡한 작업을 계획할 때도 아주 유용하게 사용할 수 있다.

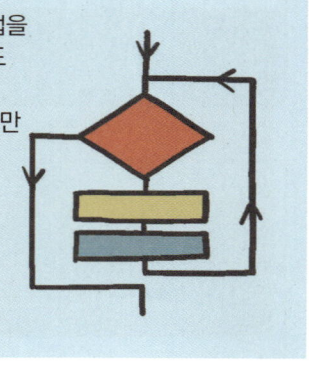

순서도

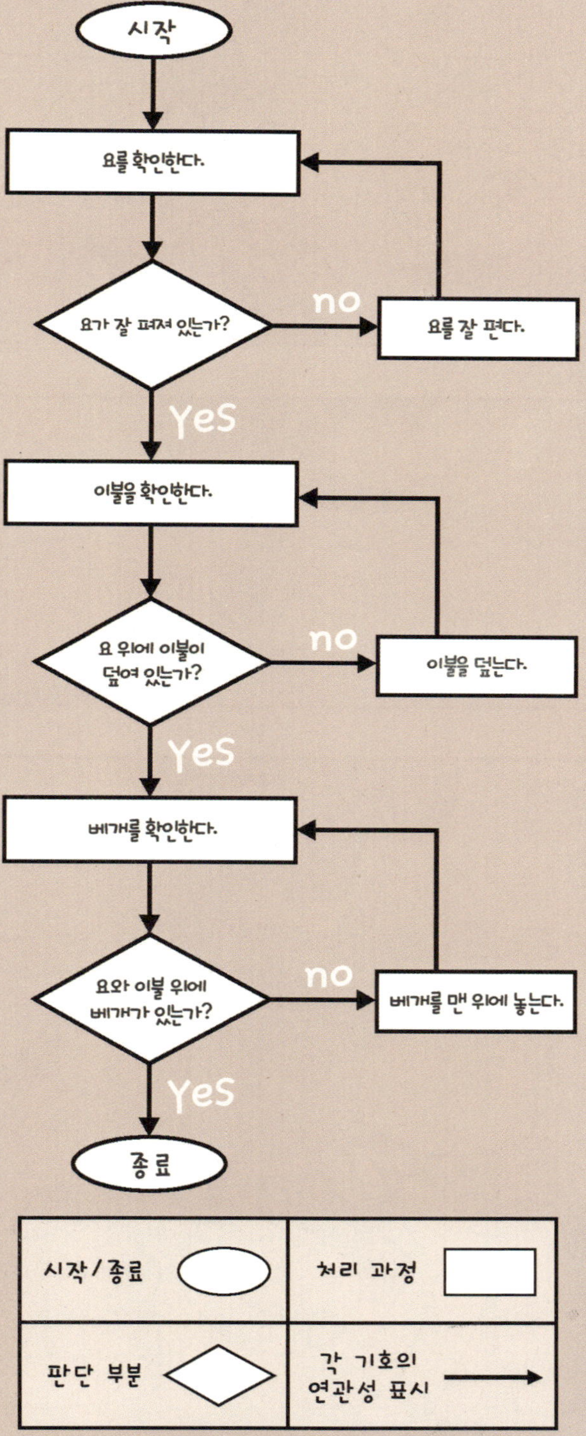

```
        시작
         ↓
    요를 확인한다. ←─────────────┐
         ↓                      │
   요가 잘 펴져 있는가? ──no──→ 요를 잘 편다.
         │ Yes
         ↓
   이불을 확인한다. ←────────────┐
         ↓                      │
   요 위에 이불이 덮여       ──no──→ 이불을 덮는다.
   있는가?
         │ Yes
         ↓
   베개를 확인한다. ←────────────┐
         ↓                      │
   요와 이불 위에 베개가    ──no──→ 베개를 맨 위에 놓는다.
   있는가?
         │ Yes
         ↓
        종료
```

| 시작/종료 | ⬭ | 처리 과정 | ▭ |
| 판단 부분 | ◇ | 각 기호의 연관성 표시 | → |

이렇게 보니까 진짜 한눈에 진짜 쏙 들어오네~

내 말이 맞지~

알고리즘은 바로 프로그램을 짜기 위한 설계도라는 말이 맞네!

내 말이 맞지~

그... 림으로... 치면... 밑그림이라고,... 할 수 있겠다!

내 말이 맞지롱~

우하하! 어떠냐~ 이제 프그맨 말을 잘 들어야겠다는 생각이 들지롱~

저러고 싶을까?

치..

자연어, 순서도, 의사코드

💡 알고리즘 표현 방법

자연어
평소 우리가 사용하는 말과 글

예)자연어로 표현한 라면 끓이기 알고리즘
 - 라면 끓이기 시작
 - 냄비에 물 넣기
 - 물 끓이기- 등

장점) 평소 쓰는 말이기 때문에 쉽게 작성
단점) 같은 문제에 대해 사람마다 다르게 표현할 수 있고, 받아들이는 사람마다 다르게 받아들일 수 있다.

순서도
약속된 도형을 사용해 문제의 논리적 흐름을 표현.

예)순서도로 라면 끓이기 표현
 - 시작
 - 물 넣기
 - 물 끓이기
 - 물이 끓는가?- 등

장점) 자연어보다 더 간결하게 내용을 전달. 시작과 끝, 중간이 서로 나뉘는 부분을 쉽게 알 수 있다.

의사코드
유사하다, 비슷하다는 뜻으로 프로그래밍 언어의 문법 구조를 닮은 형태. 의사코드는 프로그래밍 언어를 흉내낸 코드여서 컴퓨터에서 실행할 수는 없다. 실제로 SW 프로그램을 작성하기 전에 알고리즘의 대략적인 모습을 그려보는 데 도움을 준다. 알고리즘의 표현 방법은 다양하다. 중요한 건 자신의 생각을 잘 표현하는 것이다.

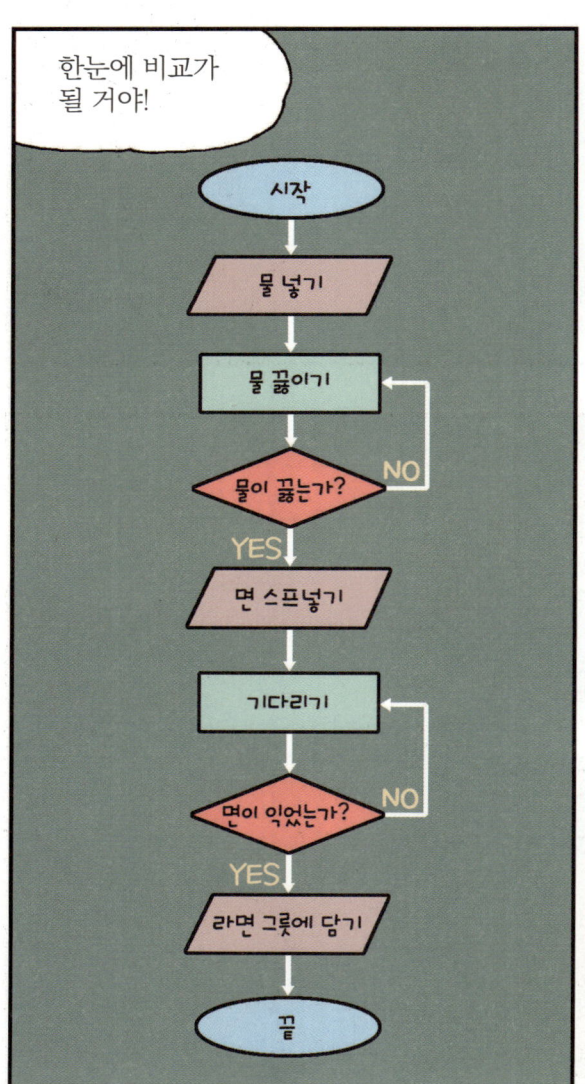

퀴즈! 포장도로

어느 도시 마을에 비가 오면 포장된 도로가 없어 길이 엉망이 된다.
그래서 이 도시의 시장은 마을에 도로 포장을 해주는 데 있어 두 가지 조건을 제시한다.
1. 도로 포장을 하는 데 가장 적은 양의 돌이 들어가야 한다.
2. 누구나 마을에서 마을로 포장된 도로를 이용해 이동이 가능해야 한다.

문제 큐!

어렵기도 하고, 쉽기도 하고~

먼저 제약 조건을 찾아야 되는데 제시돼 있지?

꼭 지켜야 하는 제한이나 규칙 같은 거죠?

오~ 어떻게 정확하게 알았지

매일 게임만 한다는 증거겠죠~

컴퓨터 작업에서도 많은 제약들이 있다는 건가?.

그… 그러겠지 어렵다…

카운트다운이 들어갈 때 너희가 느끼는 심리적 요인도 하나의 제약이 될 수 있어.

우리 심정을 잘 아시겠네요.

난… 지금… 심장이 막 뛰는데…

나중에 이런 경우의 두려움을 떨치게 하려고…

그렇지!

나도..
나도.

제약 조건을 먼저 정리해 보자…

울렁이 없어..

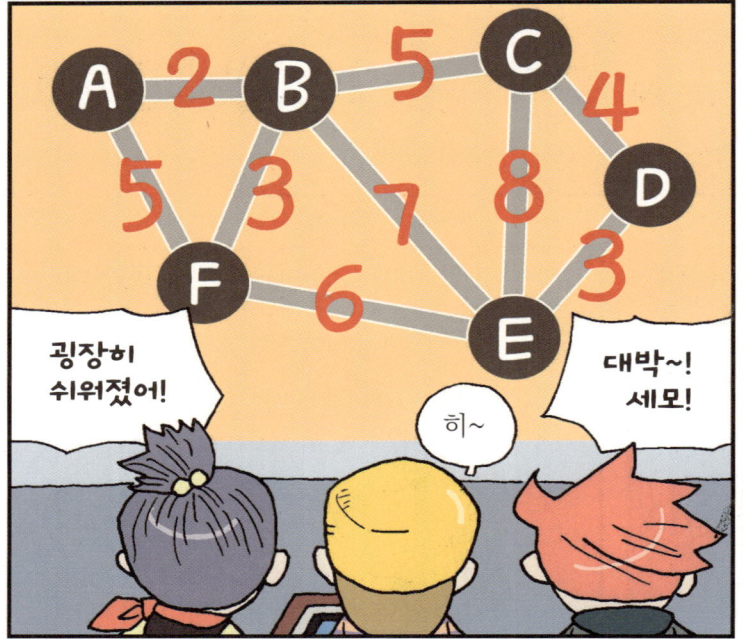

추상화

추상화는 눈에 보이지 않는 것을 눈에 볼 수 있게 표현하거나 또는 복잡하고 어려운 내용을 좀 더 쉽게 이해할 수 있도록 단순화하는 것을 말한다. 지하철 노선표를 보면 잘 이해할 수 있다. 모든 부분에 보는 이들이 좀 더 쉽고 한눈에 파악할 수 있도록 요약해서 필요한 정보만을 선택하는 것이다. 문제의 핵심 정보만을 간략하게 표현하는 능력을 기르기 위해서는 사물을 관찰하는 능력이 필요한데, 필요한 것과 불필요한 것을 구분할 수 있는 분별력 또한 필요하다.

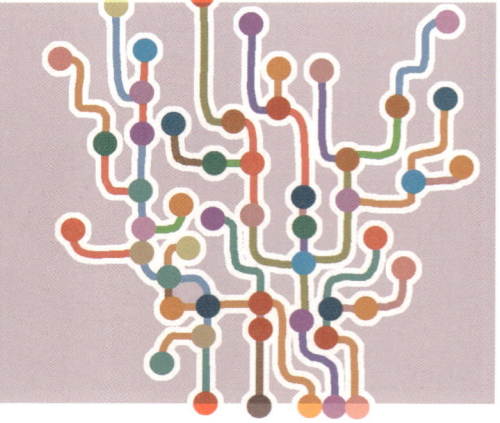

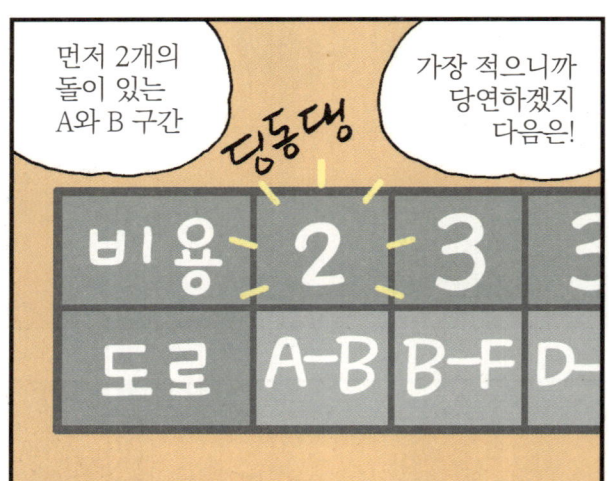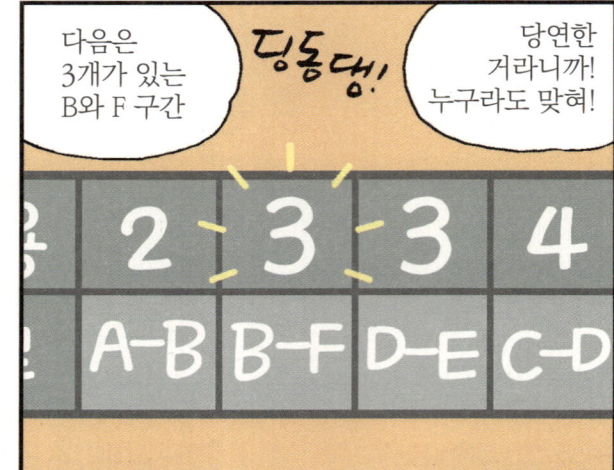

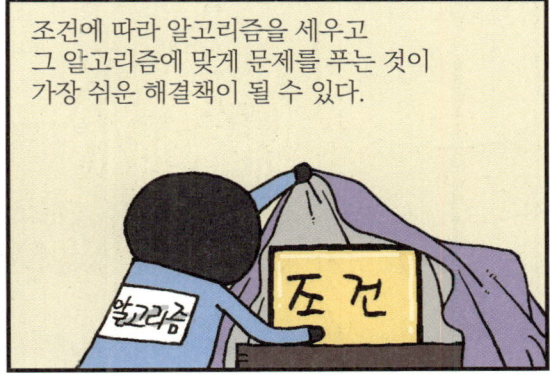

퀴즈! 강 건너 옮기기!

배추와 양, 늑대가 있는데 얘네들을 다 강건너 편으로 옮겨야 하는 게임이야.

단 보트에는 너와 이들 중 단 하나와만 타고 건널 수 있는데

나머지 둘을 남겨 둘 때에는 늑대가 양을 잡아 먹거나

양이 배추를 먹을 수 있다는 것을 알아야 돼.

제약 조건이 어느 것 하나 잃지 않고 강을 건너야 한다는 거네…

어려운데…

바보들, 답이 딱 나오잖아!

알찬아~

답이 뭔데?

동음어

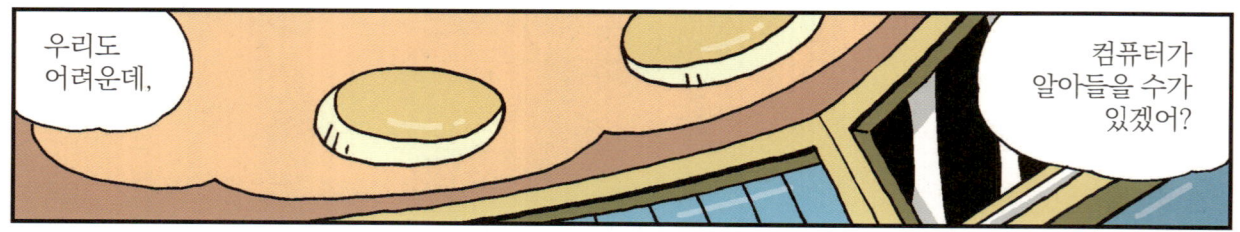

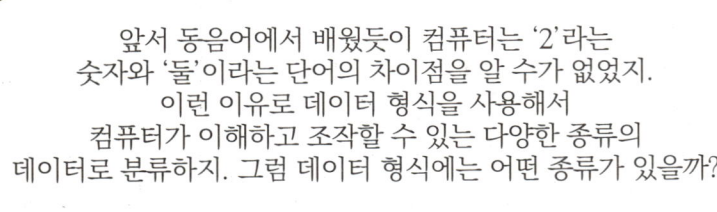

앞서 동음어에서 배웠듯이 컴퓨터는 '2'라는 숫자와 '둘'이라는 단어의 차이점을 알 수가 없었지. 이런 이유로 데이터 형식을 사용해서 컴퓨터가 이해하고 조작할 수 있는 다양한 종류의 데이터로 분류하지. 그럼 데이터 형식에는 어떤 종류가 있을까?

문자열

문자열이란 일련의 문자로 이루어진 것을 말한다. 컴퓨터 화면에 표시할 수 있는 기호나 글자, 구두점 그리고 숫자도 포함된다. 숫자가 문자열로 포함되는 데에는 계산할 필요가 없어야 한다. 예를 든다면, 전화번호나 우편번호 같은 건 서로 더할 필요가 없기 때문에 텍스트 형식으로 입력한다.

숫자

코딩에서도 숫자의 종류가 두 가지 이상 존재하는데 그중 정수가 있다. 정수는 0에서 10까지의 숫자 같은 전체 수를 말한다. 예를 들어 사람 나이는 정수다. 정수는 양 또는 음의 값을 가질 수 있지만 소수점을 포함할 수는 없다. 또 하나인 실수는 0.5, 7.2 및 10.315와 같은 소수점이 포함 된다. 예로는 위도와 경도 좌표(4.815 162.342) 또는 온도(37.5°C)같은 것이 있다.

부울값

이진수와 마찬가지로 부울값에는 참 또는 거짓, 두 가지 상태만 있다. 이진수는 0과 1을 사용하는 계산 방식으로 '켜짐' 또는 '꺼짐' 같은 두 가지 상태에서만 사용할 수 있지만 위와 아래, 음과 양, 안과 밖 등 서로 반대되는 것이라면 어떤 것이라도 부울값으로 설명할 수 있다. 부울 데이터 형식은 두 가지 대답 '예' 또는 '아니오'만 가능한 질문에 답으로 사용된다.

날짜와 시간

날짜/시간 데이터 형식은 날짜와 시간 값을 저장한다. 이는 단순한 데이터 형식처럼 보일 수 있지만 각국마다 날짜는 다르게 표시된다. 예를 들면 2015년 10월 21일을 미국은 10/21/2015로 표시하지만, 영국에서는 21/10/2015로 표시하기 때문에 이를 확인하려고 날짜/시간 같은 데이터 형식을 사용한다.

블랍(BLOB)

블랍은 이미지, 음악 또는 비디오 파일과 같은 대형 멀티미디어 파일을 뜻한다. 일부 프로그래밍 언어와 데이터 언어는 데이터 형식을 더 작은 버전으로 분류할 수 있다. 예를 들어 데이터베이스에 접근하고 사용하기 위해 설계된 구조화된 쿼리언어인 SQL에는 연도, 월, 일을 표시하는 날짜 데이터 형식과 시, 분, 초를 표시하는 시간 데이터 형식, 그리고 연도, 월, 일, 시, 분, 초 데이터를 저장하는 타임 스탬프 데이터 형식이 있다.

> 여러 가지 데이터 형식이 있지만 때로는 해당 데이터를 자세히 살펴보고 더 효율적으로 사용할 수 있게 구성되었는지 확인이 필요하다.

두 번 재고, 한 번에 잘라라!

"문제가 있을 때 본질적으로 다시 돌아가 고치는 것보다 그 전에 잘 살펴서 점검하는 게 더 효과적이다."

루프

알고리즘을 작성할 때 많은 작업이 필요할지 모른다. 프로그래밍 언어가 도움이 된다면, 명령어를 반복적으로 쓰지 않아도 되는 방법이 있는데 루프는 과정이 완료될 때까지 지정된 횟수만큼 하나의 명령으로 행동을 반복하게 한다.

For 루프

숫자로 제어되는 루프를 'for 루프'라고 한다. for 루프는 결과가 무엇이든 상관없이 설정된 횟수만큼 명령어를 반복한다. 예를 들어, 내가 다가오라고 했을 때 상대와 나 사이에 벽돌 벽이 있더라도 내 쪽으로 열 걸음 걸어오는 걸 멈추지 않는다…

While 루프

특정 조건이 충족되면 제어되는 루프를 'while 루프'라고 한다. 루프는 조건이 충족되기를 기다리는 동안 계속 실행된다. 내가 여러분에게 "나랑 마주할 때까지 나를 향해 한 걸음씩 다가와"라고 한다면, 나를 향해 단 열 걸음만 다가오라는 이전의 명령과는 다르다. 하지만 벽돌 벽을 통과하려면 시간이 많이 걸릴 수도 있다.

9. 1~8 단계를 반복한다.
10. 나이프를 조리대에 내려놓는다.
11. 치즈 한 조각을 집어 든다.
12. 버터 바른 빵 위에 치즈 조각을 올려놓는다.
13. 다른 빵 한 쪽을 집어 든다.
14. 다른 빵 한 쪽을 치즈가 있는 빵 한쪽 위에 올려놓는다.

조건문

루프를 공부하면서 조건이라는 전제를 경험해봤지.

어찌 보면 우리는 주어지는 조건 속에서

어떤 결정이든 내리며 살고 있다고 할 수 있어. 바로 그 결정을 내리는 방법을 조건문이라고 해.

분명, 조건대로라면 이쪽 길이 더 가까울 거야.

조건문

앞에서 우리가 공부했던 것을 보면 모든 부분에 조건이 따른다는 것을 알겠지. 거기에 'else'를 사용하면 이 조건문에 선택사항이나 구체적인 내용을 더 추가할 수 있다는 것을 알 수 있을 거야. 조건문은 일반적으로 if(만일 ~라면)로 시작해. '이 사건이 발생하면, 그 일을 한다.'처럼.

와아~!

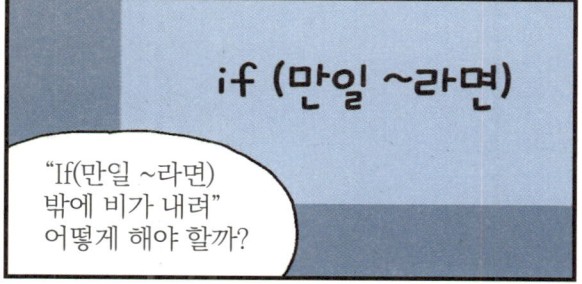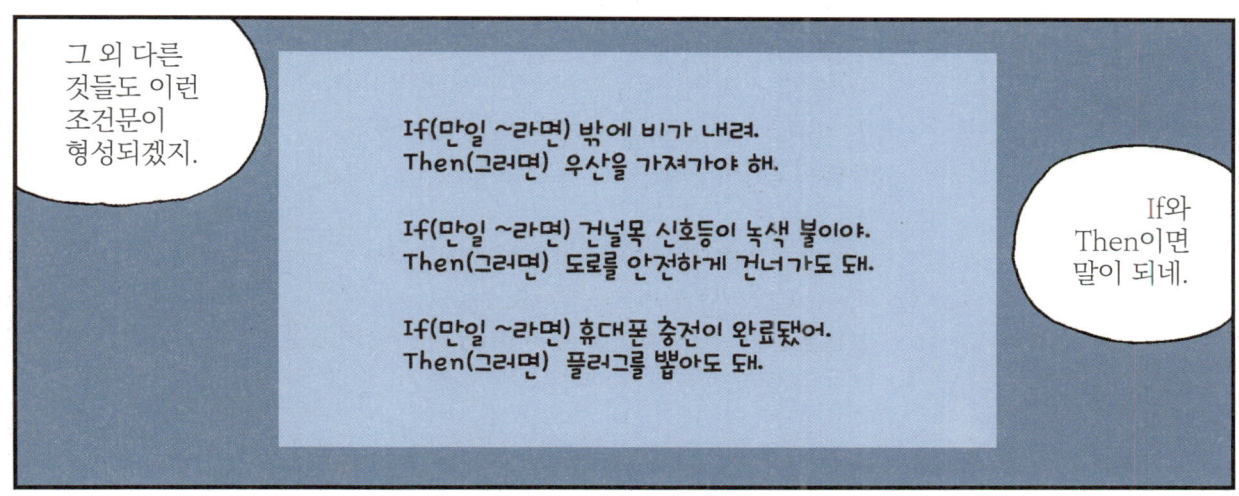

레미 말대로 'else'를 사용하면, 선택 사항이나

구체적인 내용을 더 추가할 수 있겠지~

If(만일 ~라면) 밖에 비가 내려.
Then(그러면) 우산을 가져가야 해.
Else(그렇지 않으면) 재킷만 입어도 돼.

If(만일 ~라면) 건널목 신호등이 녹색 불이야.
Then(그러면) 도로를 안전하게 건너가도 돼.
Else(그렇지 않으면) 다칠지도 몰라.

If(만일 ~라면) 휴대폰 충전이 완료됐어.
Then(그러면) 플러그를 뽑아도 돼.
Else(그렇지 않으면) 전기세가 많이 나올 거야.

더 다양한 대답이 나오네~

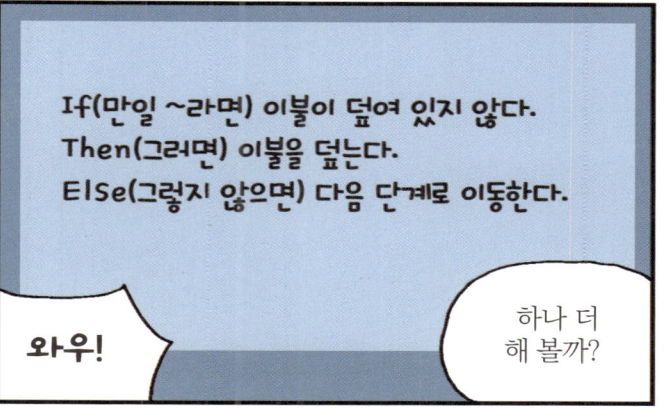

If(만일 ~라면) 베개가 이불 위에 있지 않다.
Then(그러면) 베개를 이불 위에 놓는다.
Else(그렇지 않으면) 종료한다.

그렇다면, 이 부울값 참과 거짓을 위의 예문에 넣어볼까?

If(만일 ~라면) 이불이 덮여 있다 = TRUE(참)이면, 다음 단계로 이동한다.
Else if(그렇지 않으면) 이불이 덮여 있다 = FALSE(거짓)이면, 이불을 덮는다.

와우~ 이렇게도 연결되네!

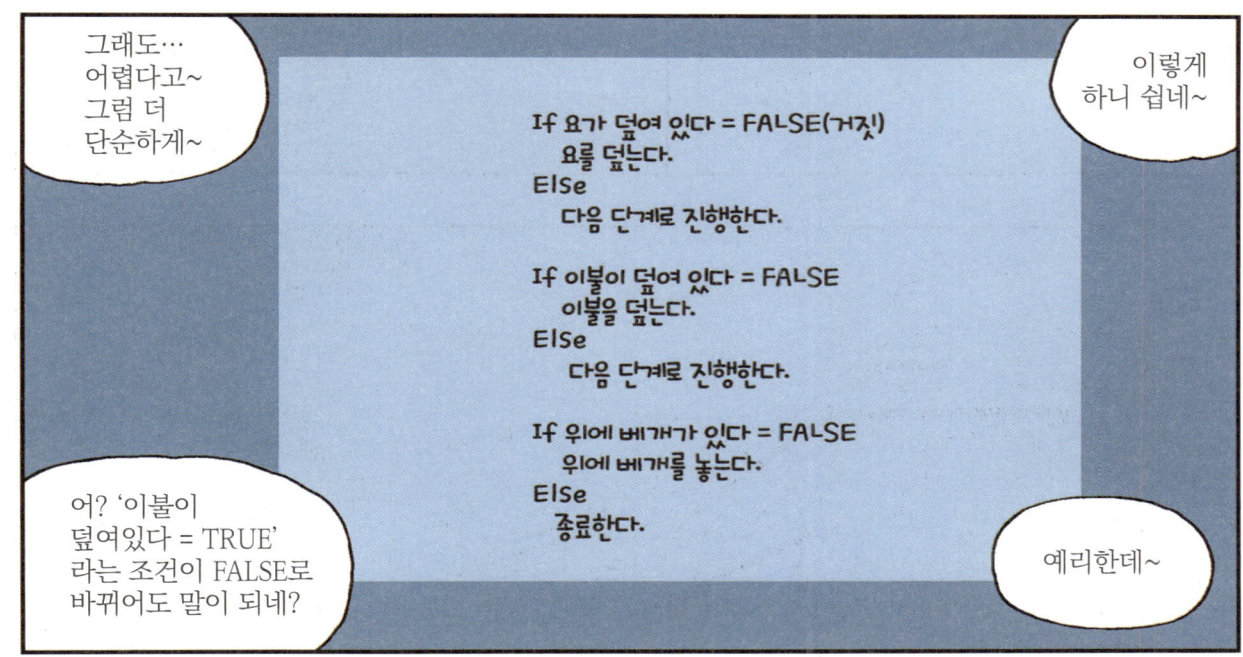

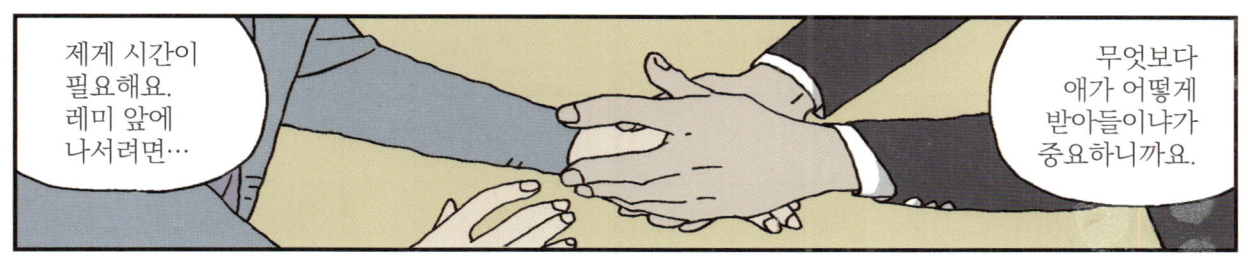

연산자

💡 코딩을 도와주는 연산자

연산자	설명	예시	결과
==	같다	1+1==2	참
!=	같지 않다	2!=2	거짓
>	보다 크다	10>5	참
<	보다 작다	10<5	거짓
>=	크거나 같다	6>=4	참
<=	작거나 같다	(5-1)<=4	참

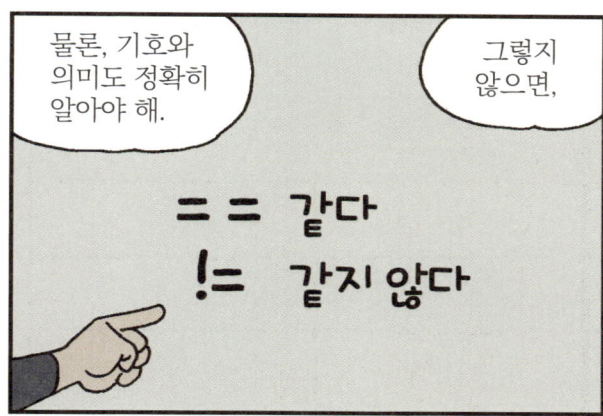

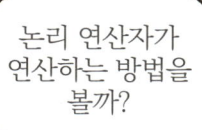

연산자	설명	예시	결과
&&	논리곱(And)	(1+2)&&(4-1)==3	참(1 더하기 2와 4 빼기 1은 모두 3으로 같다)
||	논리합(Or)	(2==3) || (2==1)	거짓(2는 3과 같거나 또는 2와 1은 같다)
!	논리 부정(Not)	!(3==2)	참(3은 2와 같지 않다)

비교 연산자

연산자	설명	예시	결과
==	같다	1+1==2	참
!=	같지 않다	2!=2	거짓
>	보다 크다	10>5	참
<	보다 작다	10<5	거짓
>=	크거나 같다	6>=4	참
<=	작거나 같다	(5-1)<=4	참

자, 그럼 조건 연산자와 논리 연산자를 이용해서 첫 번째 명령을 내려볼까나~

설마… 아니겠지?

어째… 예감이 안 좋아~

분위기 아주 좋아~! 기다리고 기다리던~

여기서 문제!

문제요! 뭘 걸 건데요?

If 플레이어의 수가 3보다 작거나 같고 1보다 크다.
Then 각 플레이어에게 7장의 카드를 나누어 준다.

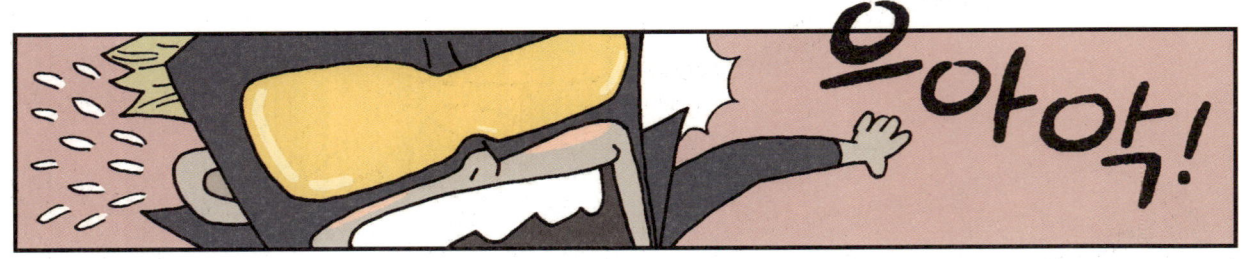

초능력을 보여줄까?

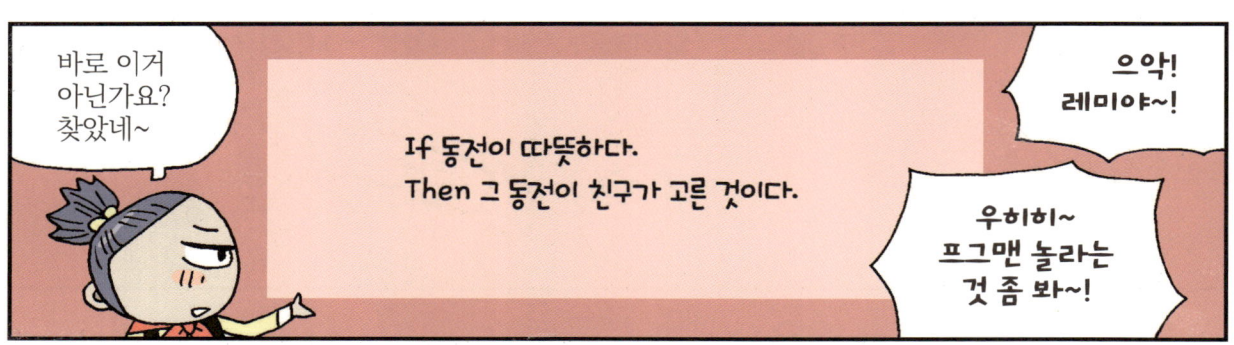

함수

함수

함수란 어떤 목적을 달성하기 위해 설계된 코드의 집합이다.
프로그래밍할 때 미리 정의된 함수를 사용하거나 직접 함수를 정의하여 사용할 수 있다.
함수를 사용하면 반복되는 코드의 양을 줄이고 읽기 쉬운 코드를 작성할 수 있다.

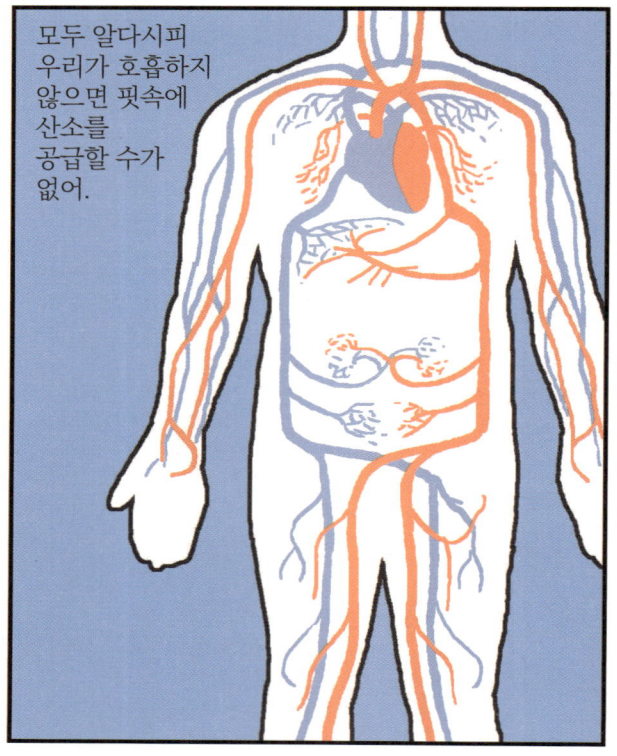

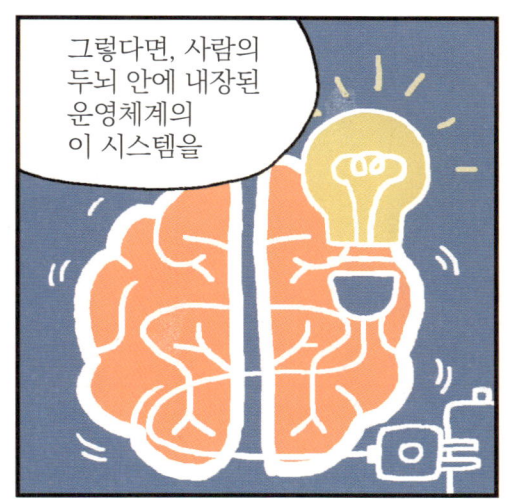

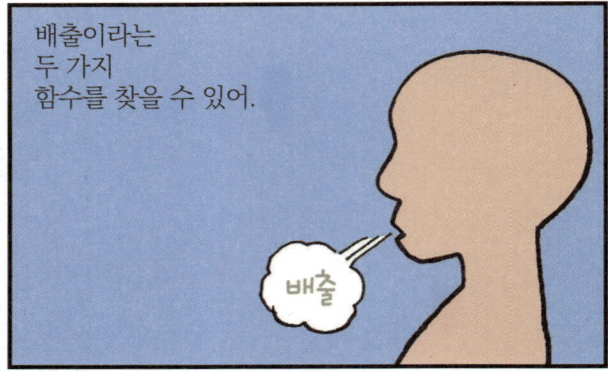
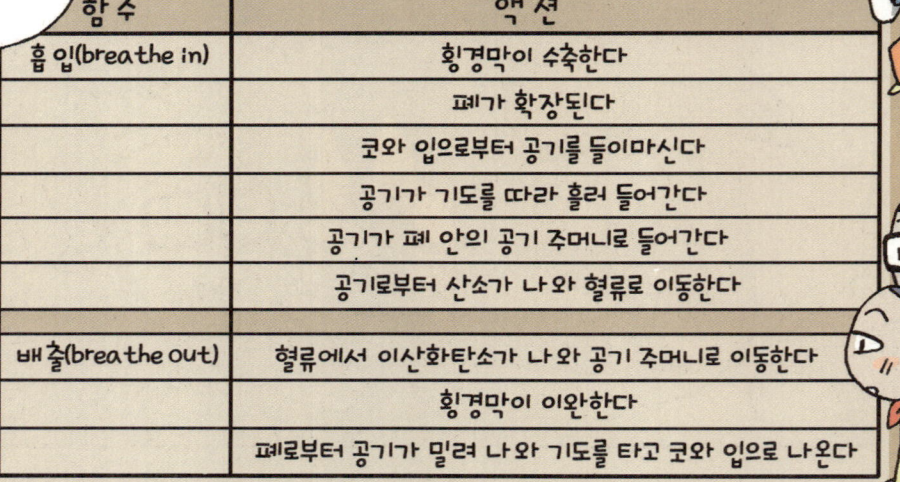

내장함수

작업을 하다 보면 기본적인 수학이나 복잡한 수학을 계산할 수도 있고 또는 난수를 생성하며

화면에 텍스트를 출력할 수도 있는 함수를 사용해 그런 걸 쉽게 할 수 있다는 말이야.

내장함수

이미 사용할 수 있도록 만들어진 명령어를 말한다. 이 때문에 프로그래밍 언어마다 다를 수 있지만 이미 수행되었던 코드를 다시 재작성할 필요가 없다. 함수가 이런 어려운 작업을 대신 수행해주기 때문에 코드를 다시 개발하는 데 시간을 단축할 수 있다.

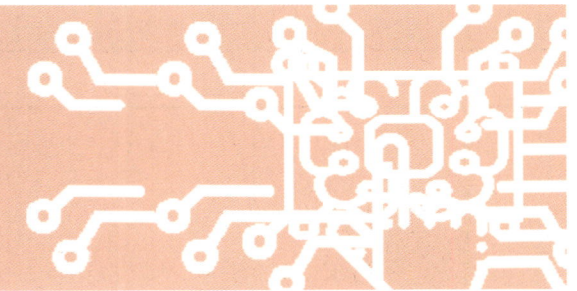

파이썬 프로그래밍 언어의 내장함수 3가지의 역할을 볼까~

함 수	역 할
int( )	숫자나 문자열을 정수로 변환한다(데이터 형식을 변경한다)
print( )	데이터를 화면에 출력한다
randint( )	난수를 생성한다

이런 괄호에는 아규먼트를 제공해줘야 해.

괄호… 안에요?

183

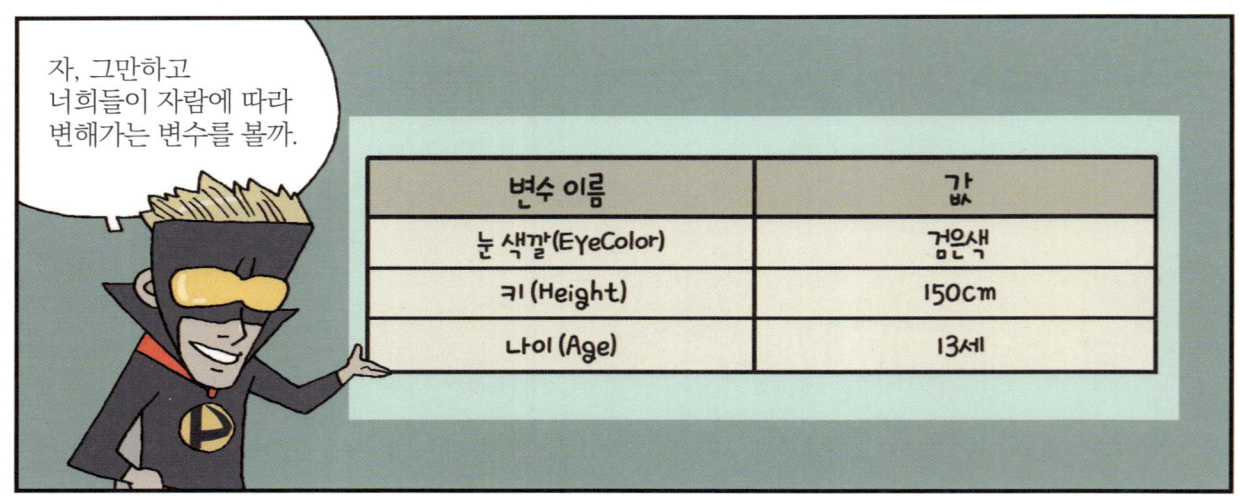

수학적 연산, 생각하는 숫자를 맞혀 봐!

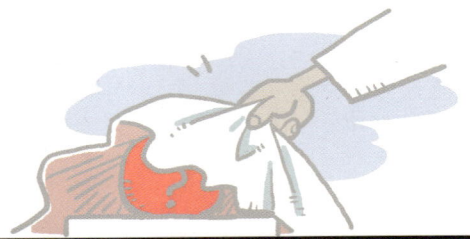

프로그램을 만들 때는 모두가 생각하는 숫자든, 또 어떤 나이든 상관없이 모든 것에 적용되어야 한다.
어떤 특정한 것에만 적용되게 코딩을 하면 안 된다는 사실.

한번 해볼까?

1. 숫자 하나를 떠올려 봐! ——————————— 12
2. 그 수에 두 배를 더해! ——————— 12×2   24
3. 그 수에 6을 더해! ——————————— 24+6   30
4. 그 수를 다시 반으로 나눠! ————— 30÷2   15
5. 그 수에서 맨 처음 떠 올렸던 수를 빼! ——— 15-12   3

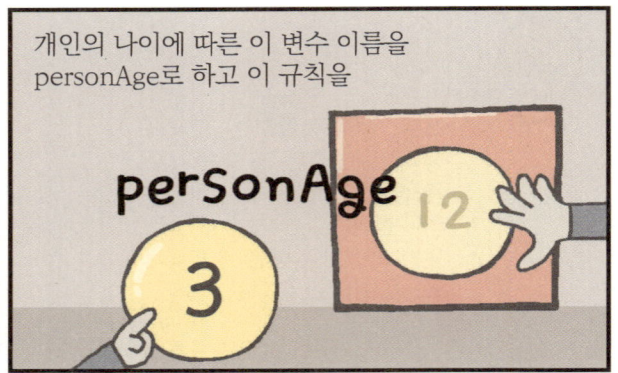

규칙2, 그 수에 두배를 더하기…

((((personAge×2)

규칙3, 6을 더해~

((((personAge×2)+6

규칙4는 반으로 나누는 것.

personAge×2)+6)/2

규칙5, 그 수에서 맨 처음 수를 빼면 이렇게~

)/2)-personage)==3

((((personAge×2)+6)/2-personage)==3

프그맨 설명으로 하나… 씩 보니까 이해가 되는 거 같아!

정말 등호를 확실히 외워야 할 것 같아…

어렵다그 엄살떨 땐 언제고?

내가 언제?

디버깅!(버그)

버그

버그(bug)는 벌레라는 뜻으로, 1940년대 프로그래밍 언어인 코볼을 개발한 그레이스 호퍼라는 수학자이자 개발자가, Mark 2라는 컴퓨터로 작업을 하는 도중 문제가 발생하자, 그 원인을 찾아보던 중 컴퓨터 내부에 있는 나방이 부품 사이에 껴서 오작동이 일어난 것을 찾아낸 것으로부터 유래한다.

쉽게 말해 컴퓨터 프로그램에 코딩 오류가 있다는 것을 말하는거야~

오류요?

그렇지~

그럼 말야~ 이렇게 잘못된 프로그램의 문제인 버그를 찾아 해결하는 직업을 뭐라고 하는지 아니?

문법 오류와 논리 오류

크~ 둘 다 오류?

문법 오류

해당 프로그래밍 언어에서 정한 문법이나 사용방법에 오류가 있는 경우

논리 오류

문법 오류는 아니지만 프로그램 수행 도중에 예상하지 못한 오류가 있는 경우

도우미 IDE

IDE
(Integrated Development Environment, 통합개발환경)

IDE는 프로그램을 개발할 때 편리한 기능을 제공하는 프로그래밍 개발 환경이다. 명령어의 종류마다 다른 색으로 표시해주는 코드 하이라이트 기능이나, 코드 자동완성기능, 디버깅 도구 등 프로그램 개발 과정을 빠르고 편리하게 도와주는 기능을 포함하고 있다.

211

주석

주석은 컴퓨터가 해석하지 않고, 오직 프로그래머만 보기 위한 목적으로 작성한 글로써, 해당 코드의 의미를 설명하거나 기억해야 할 내용을 작성하기 위한 목적으로 사용한다.
주석을 작성하면 코드의 의미를 명확하게 이해할 수 있으며, 나중에 다른 프로그래머가 코드를 수정할 때 도움을 준다.
코드에 주석을 작성하는 습관을 들이면 좋다.

스크래치 & 엔트리

스크래치

MIT의 미첼 레즈닉 교수와 MIT 미디어 랩의 평생 유치원 그룹에서 2006년에 개발한 블록 기반 프로그래밍 언어이다. 레고 블록처럼 명령어 블록을 조립하여 쌓는 방식으로 코드를 작성한다. 게임, 애니메이션뿐만 아니라 다양한 인터랙티브 작품을 제작할 수 있다. 누구나 무료로 이용할 수 있으며 8세부터 성인까지 사용할 수 있다. scratch.mit.edu 사이트에서 스크래치 프로젝트를 만들 수 있으며, 만든 프로젝트를 전 세계 사람들과 공유할 수 있다.

엔트리

엔트리는 우리나라에서 개발된 블록 기반 프로그래밍 언어로, 스크래치와 유사하다. 현재 네이버가 설립한 커넥트 재단에서 운영하고 있으며, 다양한 하드웨어를 연결하여 사용할 수 있고 파이썬 언어로도 개발할 수 있는 장점이 있다. playentry.org 사이트에서 프로젝트를 만들 수 있으며, 코딩 학습 콘텐츠를 함께 제공하고 있다.

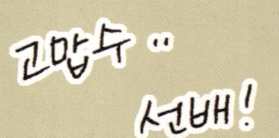

한국인 세계를 놀라게 하다!

세계 최첨단 인공지능을 가진 최고의 휴머노이드 로봇, 코봇을 개발한 도루레 박사. 코봇을 만들게 된 계기는 태어났을 때부터 심장이상으로 아팠던 딸에게 영원히 변하지 않는 친구를 만들어 주기로 한 약속 때문이라고 한다.

그는 그 프로젝트 때문에 미국으로 건너와 열악한 환경 속에서 연구에만 몰두하다 갑자기 의식을 잃고 쓰러졌다고 한다. 혼수상태에 빠진 도루레 박사를 정밀검사 한 의사들은 다시 정상인으로 돌아올 확률은 1%밖에 되지 않는다며 깨어날 수 있을지 장담할 수 없다고 그랬으나 병상에 누운 지 3년 만에 기적처럼 깨어났다. 그 후로도 오직 딸과의 약속을 지키기 위해 연구에 전념한 끝에 코봇을 만들었다. 이 발명으로 세계의 이목을 집중시켰지만 어느 날 갑자기 모든 소식을 끊고 잠적했다. 아마도 딸과의 약속을 지키려고 한국으로 돌아간 것 같다.